New, 11. September

FÜR MEINEN EHEMANN

AN DER MUSIKQUELLE

MICHELLE, KITTY, X, AMBER, ALIEN, ANGELA, MACHI, ANGELINA — DIE CUTE PETS AUF EINEM BILD IN IHREM KLEINEN TONSTUDIO. DAS LUSTIGE IST, DASS KITTY AUSSIEHT, ALS WÄRE SIE INS STUDIO GEFLOGEN.

Doch in Gedenken an die Opfer des 11. September in Amerika pausieren die Pets heute. Michelle und ihr Mann ziehen sich zurück, um ihre Forschungsergebnisse zuanalysieren.

FORSCHUNG

MICHELLE UND IHR MANN SIND DARÜBER INFORMIERT, DASS KITTYS FAMILIE IN KONTAKT MIT DEM PRÄSIDENTEN DER VEREINIGTEN STAATEN STEHT, AUCH ZU DER FIRST LADY MICHELLE. BEIDE ERINNERN SICH AN

DEN 11. SEPTEMBER 2001.
MICHELLE HAT IN EINER
FÜHRUNGSPOSITION
DAMALS   ALS
THERAPEUTIN
GEARBEITET,   ALS   EIN
KLIENT ZU IHR KAM UND
SAGTE, DER WORLD TRADE
CENTER WÄRE ZERSTÖRT,
FLUGZEUGE   WÄREN
HINEINGEFLOGEN.
SOWOHL MICHELLE ALS

AUCH DEREN SCHÜLERIN HALTEN DIE AUSSAGE DES PATIENTEN FÜR EINEN ÜBELEN SPASS, BIS SIE DIE BILDER IM FERNSEHEN SELBST SEHEN. IHR DAMALIGER FREUND HATTE ÜBERHAUPT KEINE MEINUNG ÜBER DAS EREIGNIS. JEDENFALLS WERDEN DIE EHELEUTE FEILER, KITTYS FAMILIE

HEUTE WOHL VIEL POST VON AMERIKA ERHALTEN, DER PRÄSIDENT WIRD EINE REDE HALTEN. AMBER HAT IN DEN LETZTEN TAGEN EINE GUTE REDE GEHALTEN ÜBER ANDROIDEN, ROBOTER, DIE IN LÄNDERN, IN DENEN KRIEG ODER KRANKHEIT HERRSCHT, HELFEN KÖNNEN. DIE CUTE PETS

HABEN DARÜBER MIT DEN EHELEUTEN FEILER AUCH SCHON DISKUTIERT, FAMILIE FEILER VERÖFFENTLICHTE EIN BUCH ZU DIESEM THEMA. ANDROIDEN FÜR DAS LEBEN- MENSCHEN INTERESSIERTEN SICH FÜR DAS BUCH, ES WURDE GEKAUFT, DOCH WAS IST IM MOMENT IN DER

FORSCHUNG LOS?
MICHELLE UND X WERDEN
SPÄTER SICH IN EINER
SUCHMASCHINE ÜBER DIE
NEUSTE TECHNIK BEI
ROBOTERN, ANDROIDEN
INFORMIEREN...

PAUSE VORBEI

DAS EHEPAAR ENTSCHEIDET SICH GEGEN INFORMATIONEN AUS DEM INTERNET. DAS IST IMMER NOCH NACHZUSCHAUEN. MICHELLE FRAGT IHREN MANN, WAS ER DAMALS GEMACHT HABE, AM 11. SEPTEMBER 2001. ER

ANTWORTET, DASS ER MITTEN IN EINEM GROSSEN KUNSTPROJEKT ZUSAMMEN MIT GOOD PET GEWESEN IST, SO DASS ER ERST ZWEI TAGE SPÄTER DAVON ERFAHREN HAT. MICHELLE UND IHRE PRAKTIKANTIN WURDE ES BEWUSST, DASS DER PATIENT DIE WAHRHEIT GESAGT HAT UND BEIDE

DISKUTIERTEN ÜBER DAS GESCHEHENE. X HATTE DAMALS EINEN AUFTRAG, DER EIN JAHR BEANSPRUCHT HAT, SO DASS ER NICHT DIE GELEGENHEIT DER REFLEXION HATTE. MICHELLE HAT VON EINEM LANGJÄHRIGEN FREUND POST ERHALTEN, DER EINEN GANZEN AUFSATZ

ZU

VERSCHWÖRUNGSTHEORIE

N GESCHRIEBEN HAT.

BEVOR X UND MICHELLE

GEHEIRATET, HAT

MICHELLE BESAGTEN

FREUND EINGELADEN UND

IHREM MANN ERZÄHLT,

WIE AUFGESCHLOSSEN

UND AUSGEFLIPPT DER

VON BERUF

KRANKENPFLEGER IST IM

PSYCHIATRISCHEN BEREICH. DIE DREI VERBRACHTEN EINEN GEMEINSAMEN NACHMITTAG OHNE DEN REST DER WG, ERZÄHLTEN UND PLÖTZLICH HAT ER MICHELLE GESCHRIEBEN, ALS ER ERFAHREN HAT, DASS SIE HEIRATEN WIRD. DER BRIEF WURDE NICHT DIREKT AN SIE GESCHICKT,

WOHLWISSEND, DASS IHR
EHEMANN IHN JA
VIELLEICHT LESEN
KÖNNTE. JEDENFALLS
STAND DARIN, DASS
MICHELLE KRANK WERDEN
WÜRDE, WENN SIE X
HEIRATET UND GANZ VIEL
BLÖDSINN, DEN SIE
NIEMALS VON DEM
KRANKENPFLEGER, DER
IMMER VERRÜCKT WERDEN

WOLLTE, ERWARTET HÄTTE. ERST ZWEI TAGE SPÄTER KONNTE MICHELLE X DEN BRIEF ZEIGEN. DIE WUT WAR GROSS, DIE FEIGHEIT, NICHT MIT DEN EHELEUTEN ZU SPRECHEN SONDERN EINEN GEHEIMEN BRIEF ZU SCHICKEN. MICHELLE HAT EINIGE JAHRE BRIEFE MIT PLOCK AUSGETAUSCHT,

ALS ER MIT SEINER FAMILIE, FRAU UND VIER KINDERN WEGGEZOGEN IST. ALS ER NOCH IN PETCITY WOHNTE, VERTRAT ER DIE ANSICHT, MICHELLE SOLLE LIEBER KEINE THERAPEUTIN WERDEN. ERST DURCH DEN FIESEN BRIEF WURDE IHR KLAR, DASS DIESE AUSSAGE AUS NEID

GESCHAH, IHR FREUND SEIT 14 JAHREN WÄRE LIEBER THERAPEUT. X FORMULIERTE EINEN KNALLHARTEN BRIEF, DER WIRKTE. FÜR MICHELLE EXISTIERTE DIESE FREUNDSCHAFT NICHT MEHR. DIE EHELEUTE MICHELLE UND X WAREN SICH AN DIESEM 11. SEPTEMBER EINIG, DASS

IHRE FORSCHUNGEN
PSYCHOLOGIE WAREN...

Besonders danke ich meinem Mann

www.ingramcontent.com/pod-product-compliance
Lightning Source LLC
Chambersburg PA
CBHW050924290526
45792CB00002B/880